NO TE DEJARÉ CON LA MIEL EN LOS LABIOS

Ana Rosillo

NO TE DEJARÉ CON LA MIEL EN LOS LABIOS

LIBROS OROS

Primera edición, julio 2016

Fotografía de la portada: "Primavera nevada en Puebla de Don Fadrique", de Ismael Rosillo
Diseño de cubierta: Agata Lech-Sobczak

Editorial Dauro
www.edicionesdauro.com
edicionesdauro@edicionesdauro.com

Depósito legal: GR 842-2016
ISBN: 978-84-16340-74-3

Impresión: Gráficas La Paz
Impreso en España — Printed in Spain

A Ángel, David y Elvira.

A mi familia.

A todos los que me saben leer entre líneas.

A quienes me quieren. A quienes me inspiran.

A modo de prólogo

Hay ciudades cuyo imaginario literario nos marca para toda la vida. Y en el caso de Ana Rosillo y este su primer título, gestado en Granada, no podía pasar desapercibido. Porque Granada aparece y desaparece absorbida, diluida, integrada en las palabras de la poesía. Granada como espacio de vivencia y de reflexión, el lugar donde ser en plenitud, o donde ser tan solo, con timidez unos días, y a pecho henchido otros, pero un espacio donde poder expresarse. Hay ciudades que permiten crecer en todas las dimensiones y el caso de Granada, ciudad poética y literaria por antonomasia, es uno de ellos. En ella, por sus calles y rincones, es donde se ha desarrollado la voz poética de Ana Rosillo, poeta cuyo primer libro de poemas ve ahora la luz para alegría de los que hemos podido asistir a este germinar de la palabra hecha luz, si se me permite el símil, a modo de avance de lo que se leerá en estas páginas.

Porque es la luz de la ciudad la que se expresa en estos versos que ahora puede disfrutar el lector. La luminosidad de la urbe actual, vital y perenne, impregna las palabras de una poeta que se ha dejado impactar y, al tiempo, ha sabido dar forma al sonido que reverberaba en su interior. Una pulsión difícil de dominar que en su caso se ha gestado a lo largo de los años y que ella, pacientemente, ha sabido domeñar.

Voz, luz, palabra. Ana ha querido ser cuenco de este milagro que hemos dado en llamar poesía y ha salido airosa del proceso. Yo he tenido la suerte de observarlo en mi calidad de profesor de un taller de escritura creativa al que ella se asomó hace ya unos años. En las laderas del Albaicín, en el Centro Cultural Universitario Casa de Porras, fue donde semana tras semana, en compañía de otros escritores que sintieron un día esta llamada de las letras, Ana fue alentando aquel fulgor primero de las palabras que pugnan por salir del interior. Poder haber observado el decurso de este proceso le hace sentirse a uno afortunado. Más aún si este empeño se ve coronado con la publicación de un poemario como este, cargado a partes iguales de emoción, conocimiento y labor paciente de orfebre de las letras.

Morente, la calle Elvira o el Generalife, son espacios del imaginario de una ciudad que va camino de ser eterna y que impregnan los títulos de este ramillete de poemas, como no podía ser de otro modo para toda voz sensible al entorno donde habita. Cantar a estos mitos, hitos ya del imaginario urbano, no eclipsa en el caso de Ana Rosillo el afán de compartir la vivencia contemporánea en que se desarrolla la existencia de la persona quien, como artista que se debe a su tiempo, tiene un presente que necesita ser verbalizado para darnos reflejos en los que mirarnos.

Ana Rosillo ha tenido a bien dar forma a sus versos con poemas equilibrados entre continente y contenido, en ese difícil equilibrio en que siempre ha de mantenerse el poeta para coronar con éxito el empeño de bruñir sonido, palabra y sentido. Y sus lectores debemos agradecer este esfuerzo. Y compartirlo, como ella nos lo ha compartido.

Disfrute pues el lector de estos poemas y déjese envolver con la cadencia de los versos en una atmósfera de ensueño, déjese guiar por la voz poética entre las brumas de las prisas que a todos nos acucian y recorra con Ana y sus palabras este tránsito ligero que es la vida, un soplo que busca eternidad y que, en este caso, no nos dejará "con la miel en los labios", sino que nos permitirá quedar saciados, más plenos, más completos gracias a su saber, a su pasión poética, a su vivencia compartida.

César Requesens

Tus ***dedos*** *son las huellas dactilares de mi poesía. Sus yemas suaves, sensibles al tacto liviano del roce de mi piel, como cuando de niños intentábamos acariciar las alas aterciopeladas y frágiles de las mariposas. Las* ***mariposas*** *son poesía, su simetría, esbozos acariciados por el viento de tu mirada. Tu* ***mirada*** *es poesía, diversos matices en iris rayados desde la pupila de tus ojos. Tus* ***ojos*** *son poesía, única, de belleza sin igual. Brillan con luz propia, como la luciérnaga. La* ***luciérnaga*** *es poesía. Podría iluminar cualquier palabra esbozada por tus labios. Tus* ***labios*** *son poesía. La frescura de su humedad, que el frío torna estriada sequedad, que en todo momento quisiera ser calmada con la fuente de mi boca. Tu* ***boca*** *es poesía. Es la puerta del verso por la que se expresa tu alma. Es el objeto del deseo de mi escucha. Tu* ***escucha*** *es poesía. Es el cruce de caminos de mi voz y una libélula. La* ***libélula*** *también es poesía. Surge de las aguas cual ninfa para convertirse en un ser bendecido por unas alas. Las* ***alas*** *son poesía. Son el impulso más preciado de la imaginación. El aleteo de los sueños. Los* ***sueños*** *son los númenes de la poesía. Son el producto de los deseos del subsconsciente, del que podemos atrapar al vuelo, la más leve percepción. La* ***percepción****, condición* sine qua non *de la poesía. Es el arte de mantener* *en vilo nuestros sentidos. Los* ***sentidos*** *son poesía. Son el color del sabor, el tacto de la música, el olor de la vida... La* ***vida*** *es, si sabemos apreciarla, toda poesía. Se deja llevar por lo amargo o dulce de la mente. La* ***mente*** *crea poesía. Intercambia besos por versos, conexiones por latidos del corazón. Del* ***corazón*** *surge poesía. Donde él palpite, se hallarán los sentimientos. Los* ***sentimientos*** *son poesía. Siempre entrelazados con el pensamiento. El* ***pensamiento*** *interpreta la poesía. Me gustaría desvincularlo de ti y de los vericuetos del deseo. El* ***deseo*** *esconde poesía. He querido darle el color del peine de los vientos para que labre tu cabello. Tu* ***cabello*** *es poesía. El aire se cuela en sus ondas y lo mueve como la locura alimenta mi imaginación. La* ***imaginación*** *es poesía. Es la que rasga las cuerdas de mi alma, que sólo inspira un numen llamado Amor. El* ***amor*** *es poesía en estado puro. No puedo definirlo con palabras. Las* ***palabras*** *forman el entramado de una estrofa. Sin ellas nada tendría razón de ser. Todo tu* ***Ser*** *es poesía. Comienza por sentir con tus dedos. Tus* ***dedos*** *son las huellas dactilares de mi poesía. Comienza por acariciar mis versos...*

El amor es miel sobre hojuelas
en el calendario de la vida...

Con la miel en la boca

Con la miel en la boca,
me dejan tus palabras
cuando me arropan.

Con la miel en la boca,
la sombra de tu presencia,
la huella de tu aroma.

Con la miel en la boca
me dejaron las musas.
Como miel sobre hojuelas,
legajos sin encuadernación.

Y la inspiración hoy es
el vaivén del desencuentro.
El mirlo anidando en el vacío,
sobre el pilar y la fría alberca.

Hasta que la primavera traiga
la flor abierta de almendro.
Hasta que el aire devuelva
tu aroma melifluo, tu beso dulzón.

Besos volados

Versos trae el viento
que se lleva las palabras.
Besos trae el aire
que el papel, al vuelo, atrapa.
Verba volant, scripta manent.

Sensaciones libres planean
en el cielo de la inspiración.
Si lo que recito vuela
y el cálamo en tinta queda,
dibuja mis alas en tu corazón.

Entredós

Te hablaré al oído
de lo que quieras oír,
susurrando, como un hilo
en el pespunte de la piel.

Y yo bordaré mis sueños
en el vaivén de tus cabellos.
Caricias que toman medidas
de las hechuras de tu cuerpo.

Sedas, tules, paños, fieltros…
Dedos, cual agujas, tejen
encajes que unen las almas,
en el entredós de los besos.

Es un placer buscar las palabras adecuadas, plasmar el dulce paso de las horas, los sueños inalcanzables, los alcanzados... Es un placer entremezclarlos con los recién horneados; arrancar las hojas al tiempo y disfrutar componiendo, poemas...

La piel en flor

Mi piel ha florecido
como la primavera.
La luz liviana en flor
la sangre altera en vena.

Sentimientos que palpitan,
corazones que galopan.
Deseos que arden en llamas
porque les apague tu boca.

Pensamientos que florecen
en un jardín de nostalgia.
Pasión de ánimo, melifluo abril.
El cielo en lágrimas, color añil.

Y este tiempo en presente
ya no aspira a un futuro,
porque las horas se confunden
con recuerdos en pasado.

La locura de estar cuerda
es lo que me provoca,
que escriban mis dedos versos
que se estrellen en tu roca.

Labios como pétalos
de terciopelo.
Ojos como el campo
tras el deshielo.

¡Acaríciame, bésame, ámame
como si me hubieses soñado
en un oasis perdido!
Olvida después
que todo fue un sueño.

¿Acaso no sientes
lo mismo que yo siento?
Que la vida es una vela
y que yo soy tu viento.

Primavera que llegas
en equinoccio acierto,
que siempre halles minutos
que arrebatar al invierno,
para estar frente a mí
escuchando anhelos.

Cajones desordenados

No sé por qué,
si habitas en otros brazos,
te instalas en mi memoria
descolocando cajones
que yo creía ordenados.

No sé por qué,
si mi piel cubren de besos
y el amor está copado,
sueño con esas caricias
que nunca nos hemos dado.

Busco el porqué...

No me robéis abril

Hay quien te roba la cartera,
hay quien te roba el corazón.
Quien atrapa tu alma de por vida,
quien te roba una sonrisa, lo mejor.

Hay quien perdido entre las tinieblas
roba horas a la belleza de la vida,
pálpitos al corazón.

Roba besos, roba abrazos y caricias...
Nunca dejes que una pasajera tormenta,
luz de rayos, preludio de brillo de sol,
arrase con los abriles de tu vida en flor.

Desde que el hombre camina,
sueña con volar para elevarse del suelo...

Sensaciones del viento

Y me elevé como Ícaro
surcando los azules cielos.
El sol no derrite la cera de mis alas
porque aprendí con el tiempo de acero.

Quise el nirvana alcanzar
atravesando nubes de ensueño.
Bajo mis pies, alfombras de colores
y grises trivialidades de los hombres.

Mis pensamientos quedaron suspendidos
en un vacío blanco y sereno.
Sólo mis sentidos permanecen
alerta al disfrute en adrenalina de luz.

Desde esta perspectiva en vuelo
los problemas se asemejan a un juego.
Sólo deseo ascender surcando los reinos,
en un tiempo que ahora es eterno.

Y hoy soy gaviota en el mar,
mañana águila en equilibrado acecho.
Vivir, sentir las sensaciones del viento
que me acompaña en este virar incierto.

Granada es el lugar donde mi desasosiego se calma
en contemplaciones, donde habita mi alma a diario...

Granada en el alma

Granada,
¿cómo te definiría,
si tu nombre mismo
es el de fruta dulce
que se deshace al nombrarla?

Granada, ¿cómo te desgranaría
al rememorarte con la mirada?
Amando, perdiéndome
en tus rincones.
Viviendo, muriendo
por tus confines.
Soñando, durmiéndome
en los acordes de tu alma
mora y cristiana.

Granada.
Reposando en escalones
de la Calderería.
Cantando en los miradores
del Albaicín y de San Cristóbal.

Admirándote, manola
recién pintada.
Con peineta de nieve, coronada.

Granada,
mi alma has robado,
niña de almendrados ojos.

Granada,
tu voz me susurra a diario
palabras de amor dormidas
en los zaguanes del tiempo,
en los espejos de las cantarinas.

Granada,
¡nieve y fuego, por ti muero!
¡No me abandones en la Plaza Nueva!

Por la calle Elvira

Noviembre mediado alumbra Granada.
Reflejos de plata coronan la sierra.
El arco de Elvira vigila mis pasos,
angosta la calle, ligera la marcha,
y yo que, apremiando, esquivo los autos.

La acera fluye cual río de manolas,
que desemboca presto en la Plaza Nueva.
Santa Ana se eleva clamando los cielos,
allá donde, bajo un sol otoñal sin justicia,
se desnudan las almas y se cruzan los sueños.

A Morente

Hoy, a las cinco de la tarde,
me he cruzado contigo
en la esquina de la Plaza Nueva.

Yo te miraba emocionada
desde esta acera de la vida.
Mientras, tú recorrías por última vez
el espacio silente entre Puerta Real
y los sempiternos Palacios Nazaríes.

Granada es una hilera de miradas,
un Paseo de los Tristes al recordarte.
Un camino de llantos y aplausos,
otra vez, a las cinco de la tarde.

El Darro podría no haber llorado
y sin embargo era un río de lágrimas.
Ha silenciado su voz a tu paso.
Sólo un murmullo de llanto al bajar
desde el deshielo hasta el verde al ocaso.

Tú, que soñaste en Granada,
ahora soñarás eternamente en ella.
El viento será un cante al desgarro.

Un vaivén de flamenco que va
desde la torre a la opima vega,
desde el maizal, a la sonora Vela.
Morente, ya sueña en la Alhambra.

Heroína de sueños

Hoy te he visto cantar
a los pies de la efigie de la libertad.
En la plaza que lleva mi nombre,
Mariana Pineda.

En la Granada que bordé
sueños de ley, igualdad y libertad.
La enseña que nunca ondearé,
enarbolada a los pies de la Vela.

Bajo la mirada alhambreña
me lleva el silencio prendida.
Los amores que dejo sembrados,
espigas clavadas en el corazón.

En el Campo del Triunfo
mis ojos imploran al Beiro,
ver de nuevo el color de la vega
y crecer a los frutos que mi paso dio.

Pero un vil collar regalado
por un porfiado amor despechado,
vino a acariciar la grácil figura,
inflorescencia en mi cuello espigado.

Y la umbela, luz de mi juventud,
ahogada por la infame injusticia,
me ha quebrado la voz y la dicha.
Quietud de tristeza, mirada hacia el suelo.

Libre soy, viento, heroína de sueños.
Granadina ilustre me quieren nombrar.
Pero hoy te he visto llorar
a los pies del cadalso de la libertad.

La ciudad no es la misma sin ti

La ciudad está muda sin ti.
No llegan hasta mis oídos los trinos,
ni susurran las fuentes a mi paso.
No hay suspiros en los cruces de caminos.

La ciudad quedó vacía sin ti.
Como la crisálida cuando vuela la mariposa.
Al igual que la camisa abandonada por la serpiente.
Como el amor que nace condenado a muerte.

La ciudad está en silencio por ti.
Las calles sólo rememoran con su nombre
los antiguos oficios de artesanía:
Almireceros, Cuchilleros, Calderería...

La ciudad está apagada sin ti.
No hay casualidades aguardando en las esquinas,
ni premoniciones, ni corazonadas de encuentros.
La ausencia oscureció, la luz de tu presencia.

La ciudad está vacía sin ti.
Pero mi mente está llena de recuerdos.
De abrazos, caricias, miradas y besos.
De gestos, de notas, de luces, de sombras.
De citas, de versos, de libros, de sueños...

La ciudad sigue vacía hoy sin ti.
Pero mi corazón está pleno
de suspiros, de minutos robados al tiempo.
De letras, de vuelos, de dudas y descubrimientos.
De rincones perdidos, de desilusión y de anhelos.

Al despedirse el verano se llenará la ciudad
de voces, de gente, de prisas, de autos.
De cantos, de lloros, de miradas furtivas.
De humo, de presencias; de gotas y paraguas.

Y volverás, como las golondrinas de Bécquer,
a recorrer las calles de la ciudad,
igual que ayer, con los pies en el suelo
pero el pensamiento en nubes de ensueño.

Ensimismado en la vida, en lo que es,
en lo que quisiste ser, lo que fue,
lo que será, lo que pudo haber sido.
Mientras vuelve la ciudad a estar plena
de vida, de sueños compartidos.

La ciudad no es la misma sin ti...

POETA EN EL GENERALIFE

Luna creciente en Lorca.
Generalife bañado por estela
de sol reflejado en luna.
Luna, noche, recuerdos, poemas.

No me robaste los besos.
Yo te los di para perderme
y encontrarme no sé dónde.
Yo te los di para perdernos
en la cara oculta de la luna creciente.
Era de noche cuando te amé.
Era de noche siempre
en la cara oculta de la luna.

Luna creciente, noche, poemas.
Estela de sol reflejado en la cara
iluminada de la luna.

Luna, cipreses, boda gitana.
Una bailarina muere enredada
en sus propios entresijos.

Luna creciente, Lorca.
El poeta mira los rascacielos.

No sale de su asombro
ante la grandeza
y la bajeza del capital.

Riqueza de unos, miseria de otros.
El mar un día recordará, uno a uno,
el nombre de todos los ahogados.
Poesía en las estrellas.
Noche de luna creciente en verano.

Luna, cipreses, Lorca.
No salgo de mi asombro,
el mundo no ha cambiado.
Sigue habiendo dolor y guerras.
Alardes de riqueza y almas desarropadas
que se aventuran al abrazo de la mar.

Romance de la odalisca y el trovador

Bajo la Puerta de Elvira
me citaba cada día,
con un locuaz trovador
sin saber que le quería.

Por calle Elvira llegar
le escuchaba recitar,
su romance articular,
mientras yo me componía.

Y al reverberar la puerta
su voz de miel parecía,
la más bella de Granada,
almuecín de mi mezquita.

Hoy mi espera es infructuosa,
no sé que fue de su vida,
ni si fue un sueño aquel beso
que de mi boca bebía.

Ahora soy yo quien espera
bajo el arco en embeleso,
que él vuelva y a su regreso
haremos harmonía y lira.

Pronto no habrá en la Sabika,
ni mil laúdes ni *darbukas*.
Ni danza de siete velos
en los patios de la Alhambra.

Pronto no habrá ya en Granada
nadie llamando a oración.
Mil y una noches en vela,
campanas de devoción.

Mientras de mi fe reniego,
¡ay morisca! ¡Adiós, Alá!
Para el amor siempre hay tiempo,
mi guerra santa es la Paz.

La vida es un caleidoscopio: si miramos detenidamente y movemos nuestras pupilas, comprobaremos que las piezas, inertes o animadas, que forman la imagen que obtenemos, siempre se mueven para que veamos en cada estación, un paisaje distinto.

Affaire de las estaciones

Llueve, sobre marzo, llueve.
Sobre mis párpados, sobre cristalinos, llueve.
Y no hace falta embarcarse en martes,
para ver que la primavera es aún una utopía.
Que las aspidistras lanceoladas, brillantes,
son tobogán hoy, de gotas de lluvia fría.

Desde mi ventana cerrada al invierno oscuro
diviso un patio con la frondosidad del verde.
Y en interior, hojas amarillentas, monocromadas,
y una vetusta mesa de madera en hierro, forjada,
en la que archivo mis pensamientos desbaratados.

No consigo, últimamente no consigo,
que la razón meta en vereda al corazón.
Que la mente dome a ese caballo desbocado
que es mi yo luchando contra mi divagar diario.

Salgo afuera y contemplo en la grisácea esfera
que el sol juega al escondite con las nubes.
Quedan días, noches quedan,
para que el invierno se cruce de nuevo con la primavera.

Y al citarse a la hora acordada,
se miran a los ojos, se saludan, se abrazan.
Apenas una hora, apenas,
de intercambio de consejos, de sueños, de penas.

Un día, solamente un día, se encuentran.
Un año, todo un año, ¡cuán lenta es la espera!

Equinoccio de primavera

Hoy volví a la primavera de mi vida,
cénit de luz de mi juventud.
Cuando la belleza era en mí un alud,
y la noche de la mano del día iba.

Al igual que los polos distan del sol,
en el ecuador de mis días estoy.
Equidistante entre fin y principio.
Supuestamente, equinoccio soy.

Hoy alhelíes florecen en mi jardín,
patio abierto a las luces del alba.
Traen aroma de estrenada primavera
y color de Semana Santa en Granada.

A igual distancia de principio y fin, me sitúo.
Ya me hallé, saludando a las estaciones.
Y viviendo en presente, por si acaso.
El mañana es incierto. El pasado, es pasado.

Sol de invierno

Estrella de la energía, luz guía de mi vida.
Inicié mi canto en los acordes de tus rayos.
Alegría de luz, calor en la piel,
persigo tu reflejo en cada amanecer.

Sentada bajo tus espigados haces
me hallarás perdida entre palabras,
versos, letras, prosa henchida de metáforas.
Variable intensidad que otorgas a las estaciones.

Y sigo captando imágenes que tu brillo despierta,
colores vivos que la noche nos negó.
Cándidas nubes, añiles de cielo y de mar,
verdes de prados, siena de tierra, flores multicolor.
Arco iris en paleta de pintor.

¡Oh, amado Sol!
Regálame tus rayos de vida y calor.

¡Oh, Amor!
Me encontrarás allá donde se pierden las sombras.

El otoño es triste

El otoño es triste, pero no tanto.
Como un adiós, pero no tanto.
Aunque nada ni nadie se va para siempre,
ni los que amamos, ni el verano.

Te miro cuando cae la hoja
y tu semblante se adelgaza.
Tus ojos se hunden y entristecen,
y ya casi apenas me hablan.

Te miro y quisiera ser la vida
que percibía en tus abrazos
cuando me alzabas al cielo, de niña.
Yo imitaba vivir, tú, orgulloso, reías.

El otoño es triste, pero no tanto
como verte a duras penas sonreír
a la vida un instante, a la cercanía
de la alegría fugaz de la niñez.

El otoño llegó acortando los días.
Alargando las noches, apagando la luz.
La esperanza es un árbol de hoja perenne,
y el tiempo es la hoja caduca de la vida.

"La realidad es simplemente una ilusión, aunque muy persistente".

ALBERT EINSTEIN

DESTINO

Me prendió la mano del corazón
abriendo mi palma desnuda,
confirmando con la diestra
lo que leía en la zurda.
De lo que entre líneas leyó
quedó asombrada mi alma.

¿Acaso es mi mano abierta
un libro donde leer?
Mi vida escrita en renglones,
derechos, torcidos, curvos
y cientos de intersecciones.

Salud, trabajo, dinero…
Amores truncados y verdaderos.
Los entresijos de mis rincones,
todo adivina si se lo propone.

¿Quién eres tú, desconocido,
para desvelar los secretos dormidos
a la sombra de mi luna nueva?

¡Deja mi alma en un puño, adivino!
No quiero saber que me depara el destino.
Lo que tenga que ser, será.
Lo que no, no por forzarlo llegará.

Mi devenir es miscelánea agridulce,
de momentos, de tiempos de gentes,
que llegan, que van, que permanecen.

Que dejo, que quieren, entrar en la órbita
de mis rotaciones en torno a mí misma.

Y las interacciones son cuarto creciente,
conexiones de intensidades variables.
Y en mente, ideas vagas de sueños difusos,
pensamientos que no selecciono.
Soy cambiante y a la vez claro de luna.

Es muy difícil decir adiós con la certeza de que,
tras el dolor, toca enfrentarse cara a cara con la ausencia.

Encrucijada de amor

Hoy tañen a despedida
las campanas de angustia de Santa María.
Hoy la fuerza del árbol
abraza la muerte en la flor de la vida.

Engañoso corazón,
que me hiciste creer en perpetua compaña.
¡Ay, crudo invierno!
Qué triste es tu despedida.
¡Maldito mal,
que marchitaste la flor de mis días!

¡Bendito Amor!
Que me dejaste pleno de abrazos,
que no serán devueltos al aire.
De besos, que no serán volados,
porque darán calor a nuestros retoños.

¡Bendito Amor!
Me dejaste la dicha compartida,
la belleza de tus ojos… ¡y tanto!

Que esta primavera y siempre,
te contemplaré en la mirada tierna de los niños,
te sentiré, en el bello aleteo de las mariposas.

Nunca dije adiós

Me ha costado tanto decir adiós.
Adiós a las caricias, de la alegría el encuentro.
Al olor a vida recién hecha.
A aquel te quiero que me dedicaste.

Quiso mi beso tu piel abrazar,
pero la fuerzas me flaqueaban.
No creas que no sentí
tus lágrimas sobre mi almohada.

Este dolor es soportable
si lo comparo con el que siento
al notar tus labios posarse
sobre mi último beso.

Déjame descansar.
Dime adiós poco a poco.
Soy para ti estrella fugaz.
Déjame, en el remanso, descansar.

Me ha costado tanto decir adiós.
A ese cariño que me profesáis;
a esa imagen encuadrada de todos
grabada a cincel en mi corazón.

Quién me iba a decir a mí
que seríais mil flores de almendro,
el perfume a miel, mi mejor cosecha.
Esa risa con aroma y frescura de vida.

Quién me iba a decir a mí
que la vida esto me deparaba.
Yo que por nimiedades sufrí,
la fortaleza me aguardaba.

Déjame descansar.
Sellar los párpados mientras escucho
voces de ángeles cantar
canciones de Pascua en Navidad.

Me ha costado tanto decirte adiós,
has sido el amor de mi vida.
Sé que hallarás compañía
en el amor que sembramos.

¡Cómo no te voy a querer
si me hiciste padre por primera vez!
Si leíste mi destino en tus pasos
y abriste un camino de amor y de hermanos.

¡Cómo no os voy a querer!
Si cada uno de vosotros
me hizo a mí mismo mejor.
Probar de la felicidad las mieles.

No podía continuar el camino.
Ahora estoy en paz con todo,
con Él, con vosotros, conmigo.
Brilla una luz cegadora a este lado.
Con ella iluminaré, el resto de vuestro camino.

Aquí nada duele y hay amigos.
Me han propuesto que cuide
del Jardín Eterno. Le he visto,
sentado a la diestra del Padre.

Me he reencontrado con quienes,
sin pedirlo, me dieron la vida.
Ella me ha abrazado fuertemente.
Infinitos años que no me veía.
Me llamó a su lado, al ver que sufría.

Me ha costado tanto decir adiós,
que me he ido sin decirlo,
para quedarme junto a vosotros
en cada mirada al cielo, en cada suspiro.

Frente a tu ausencia

En el lugar donde nací,
cada recodo del camino
me habla de ti.

Otra vez, y por segunda,
debo aprender a caminar
y esta vez ya no voy de tu mano.

El tiempo no cura nada.
El tiempo sólo pasa,
dejando mis momentos
frente a tu ausencia.

La distancia tampoco es olvido
si el corazón siente lo mismo.
Si el pensamiento se afana
cada día en recordarte.

Duetos

Hoy, en el recuerdo,
el beso de tu cariño,
la necesidad de tu abrazo,
el rasgueo de una guitarra,
telón de fondo de mi memoria.

Hoy, en mi retina, fotogramas de mar,
juegos compartidos al vaivén de las olas,
duetos en sincronía y notas en clave de Sol.
Metrónomo de días inolvidables.

Hoy, en mi latir,
te tengo tan presente que
aún creo que no te has ido
y siento que siempre podré felicitarte
por lo que me has transmitido.

Hoy en mi frío, la añoranza de tu calor.
En mi auricular, la voz de tu ausencia.
Y en mi oído, una frase de un niño
que dije en pasado, me devolverá al presente
al decirme: ¡Felicidades papá!

Memoria eterna

No encontraron a sus muertos.
Los que otros dejaron esparcidos
con los ojos abiertos a la muerte
al ver el espanto frente a frente.
Aun siguen buscándoles en su memoria.

No los encontraron por ningún lado.
Les parece que ha pasado un siglo.
Debajo de los pinos, del estío y la hierba.
Debajo del otoño, de la nieve, de la primavera.

No encontraron a sus muertos.
El verano les agrietó el corazón arcilloso
y bajo las hojas caducas siguieron buscando.
Arañando con rabia la tierra,
intentaron rescatar corazones secos
por el desencanto de la violencia.

No encontraron a sus muertos.
Les lloraban por todos lados.
Más por donde creyeron
les fue arrebatado el hilo de vida
que les mantenía unidos a ellos.

No los encontraron,
por las laderas, por los valles, por los montes.
Sólo estaban en las listas macabras
donde aparecían escritos sus nombres.
Allí sí que estaban. Hubiesen querido no estarlo.

Sólo les quedaban fotografías ajadas.
Cartas de despedida enviadas a las madres,
del puño y letra de temblorosas manos,
por las que pronto no correría el color,
más que para teñir la cal de tibia sangre.

Y un miedo paralizante en el alma,
al saber que te arrancarán el aliento
en la noche, rompiendo el silencio,
junto a la tapia, donde duermen los muertos.

Durante años, no encontraron a sus muertos.
El dolor se hizo insoportable, eterno.
Les recordaban tal y como eran
en la última ocasión que les vieron.
Tan únicos, tan jóvenes, tan llenos de vida.
Les parecía mentira, un mal sueño.
Nunca les recordarían muertos.

No encontraron a sus muertos.
Seguían buscando con linternas de luna,
con ráfagas de sol, con ojos de verde esperanza.
Para pintar con decencia la humillación.
Para grabar sus nombres en lápidas
y no sólo en aquella lista macabra
donde nunca quisieron estar.
Para sentirles cerca, para hablarles, para llorarles.
Muchos seguían, siguen, buscándoles.
Eternamente, mientras vivan.

"Todo poder cae a impulsos del mal que ha hecho.
Cada falta que ha cometido se convierte, tarde o temprano,
en un ariete que contribuye a derribarlo".

CONCEPCIÓN ARENAL.

DEJADME SER VIENTO DE LIBERTAD

Pautaron nuestra conducta,
establecieron nuestros roles,
decidieron nuestros oficios.

La inteligencia de nuestra rebeldía
ardió en la hoguera de las vanidades.

La bandera de igualdad
y libertad fue quemada,
al tiempo que el garrote vil
quebraba nuestra voz.

Decidieron las reglas del ego.
Nuestras abuelas y madres,
a pies juntillas, se las creyeron.
Nos las inculcaron por tradición.

¡Qué difícil es romper las cadenas,
desigualdad en cada eslabón!

Siglo a siglo, paso a paso,
verso a beso, las mujeres
vamos tomando las riendas
de nuestro propio destino.

Avanzando en el camino
con apoyo y respeto
de quienes nos valoran,
por derecho, en justa medida.
¡Ni un paso atrás
daremos para conseguirlo!

¡Dejadme hoy, ser aire
de libertad a vuestra vera!
¡Dejadme hoy, ser viento
que impulse vuestra vela!

¡Dejadme hoy, ser mujer
a mi libre albedrío,
a mi singular manera!

Siempre me parece poco el tiempo libre y el que me resta de vida, para visitar todos los lugares del mundo que me encantaría conocer. Por eso, leo a diario…

Viaje continuo

He cruzado ríos, mares, tierras extrañas.
He sorteado hileras veloces, metalizadas.
Descifrado lenguas en la Torre de Babel.
Semblanzas.

Recolectado sonrisas y abrazos,
miradas y risas que no varían
al cambiar mi distancia a aquel meridiano.
Cero.

He cruzado de nuevo el zaguán
del tiempo y las latitudes,
para escribir en la historia
de mi página en blanco,
lo que quedó rezagado
en el descarte del recuerdo.

Y a pesar de lo vivido,
tengo la extraña sensación
de que nunca me he ido.

Los encuentros

Los encuentros.
Casuales tal vez,
otros bien definidos
por consanguinidad,
por afinidad los primeros.

Los encuentros.
Cruces de caminos.
Pueden ser a deshora,
a veces caprichos
del destino.

Los encuentros.
Coincidencias vitales.
Porque somos
un cúmulo de
lo que aprendimos,
en los encuentros.

Con nuestros padres,
abuelos, hermanos,
compañeros, amigos
amantes, maestros...
También aprendemos,
de nuestros hijos.

Y crecemos a diario,
con los encuentros.
Con los libros, la música,
los seres, vivos colores
esparcidos en los lienzos.

Con las palabras en tinta,
con las que se lleva el viento.
Con los ídolos de arena.
En el séptimo arte,
en el séptimo cielo.

Los encuentros.
En la candidez de las nubes,
en las esquinas de un sueño.
En el tiempo ganado
al veloz relojero.
Nos vemos.

Somos presente
con bagaje de pasado,
que afrontamos el futuro.
Somos con quien andamos.
Somos también, lo que soñamos.

"La poesía es el eco de la melodía
del universo en el corazón de los humanos".

RABINDRANATH TAGORE.

ABRAZO DE MÁRMOL

He imaginado tus rasgos
esculpidos en mi vientre.
He imaginado tu ser
de barro en mis manos.

Tu piel de bronce,
tu abrazo de mármol.
Soy Miguel Ángel
esculpiendo tu cuerpo, David.

Tu necesidad de mis besos
tu petición de caricias,
acercaban mis manos
al candor de tu niñez.

Los años te alejan,
pero yo sigo buscando
música en tu mirada,
amor en tu contacto.

Algún día, tu abrazo
lánguido de mármol
se fundirá en el fuego
que avivará tu madurez.

Volavérunt

Acabas de cruzar el umbral
y ya tus ojos me buscan
sin saber de mí ni el nombre.
Miradas que un instante duran.

Pasas por mi vista delante
y te persiguen mis ojos.
Encrucijada sostenida
donde el tiempo se detiene.

Sigo vagando por mis pensamientos,
levantando apenas los ojos
de la espiral del café,
y si lo hago de nuevo te hallo,
mirándome.
Tersa figura, no me atrevo
a dejar mi mirada al vuelo.
Tu azabache me sumerge
en la profundidad del deseo.

Me incorporo y tus flechazos
se me clavan en el cuerpo,
haciéndome disimular,
lo que sueño, no pretendo.

Palabras, palabras y gestos,
y miradas robadas al unísono
al poder de la atracción
de unos imantados cuerpos.

Fugaz como el paso de una estrella,
liviana como un beso al aire,
es tu despedida al dejarse llevar.
Volavérunt de un encuentro.

«En verdad, si no fuera por la música,
habría más razones para volverse loco».

PIOTR ILICH TCHAIKOVSKI.

LA QUINTAESENCIA

Yo quiero contigo un encuentro
en el blanco que soñé seda.
Cuando los relojes se derritan
y no queramos darles cuerda.

Solos tú y yo, estancia, limerencia.
La mente inquieta en el palisandro,
los sentidos ávidos de experiencia.
Tú y yo, sin espacios en blanco.

Entonces quiero que me ciñas,
bajes el engranaje de mi desnudez
y me hagas mudar la piel.
Que afines mi cintura con tus dedos,
que susurres a mi espalda
lo que jamás te atreviste a decir.

Que temples mi deseo con miradas,
haciendo vibrar mi caja de resonancia.

Que acaricies mi contorno
sacándome de mis clavijas.

Que admires todas mis curvas
y me rasgues hasta hacerme
gritar el do sostenido.

Que palmees sobre mi tapa,
pulses cada uno de mis trastes,
hasta hacerme cantar notas
en clave de Sol, sin arena el reloj.

Que deslices tus manos
desde la cejuela hasta el puente.
Que te detengas en mi roseta
y hagas reverberar toda mi acústica.
¡Hazme vibrar cual diapasón!

Que agarres de mi vida el mástil
y hagas sonar toda la armónica,
en unión acústica de mi cuerpo
y tu voz.

Que me poses en tus muslos,
que rompas todas mis cuerdas.
Que me voltees, me eleves,
y luego me enganches a la pasión.

Que me hagas hablar callada.
Que me rasgues los gemidos.
Que sea yo la quintaesencia
del alambique de tu inspiración.

Yo quisiera contigo un encuentro
donde soñé acariciarte.
No sería más que eso.
Sólo te espero en la soledad
donde me dejas posada
¿Te acuerdas de mí?
Siempre seré, tu guitarra.

A veces nuestras musas y númenes son cercanos y tenemos la suerte de abrazarlos, y otras de cruzarnos con ellos en el espacio en blanco que hay entre realidad y fantasía...

Mi espejo

Tengo el corazón dividido
entre Granada y mi pueblo,
Puebla de Don Fadrique,
atenta a que te lo explique.

Tú en el Altiplano,
y yo en la capital,
aún en la distancia
sé que no me fallarás.

Eres sólida columna
donde siempre encuentro apoyo.
Cerca te encuentras de mí
cuando yo me desmorono.

¡Qué bonito espejo
donde una mirarse!
¡Quien te pareciese!
Intentaré asemejarme.

Junto a nuestro padre
has criado cinco hijos,
sin soltar nunca el timón.
Has sembrado bien y en tiempo,
¡y ahora recoges amor!

La cosecha ha sido buena,
la siguiente fue mejor,
pues al esparcirse el grano,
la simiente emparejó.

Con cuidados y cariño
la semilla germinó,
dándote un haz de nietos
frutos todos de pasión.
¡Y ahora recoges más amor!

No te inquietes por nosotros.
Sí, vendrán plagas y tormentas,
granizo y algo peor,
pero nos hará más fuertes,
hasta que brille de nuevo el sol.

Puedes dormir serena,
tu cosecha no se pierde.
Al contrario, ¡multiplica!

y te dará nuevos frutos
ahora: ¡vive tu vida!

Te mereces lo más grande
¡quién te lo pudiese dar!
Y lo tienes a tu alcance,
sólo tienes que mirar...

Y buscar lo que te plazca,
lo que te haga disfrutar,
que la vida pasa presto
y tenemos que apurar.

Padre

Si tuviera que escribirte,
Padre.
Si tuviera que redefinirte
serías tenacidad constante,
para salir adelante.
El esfuerzo de alguien
obligado a tomarse demasiado
en serio la vida,
Aún mirándola de soslayo.
Padre.
Aunque a veces parpadeara
tu luz guía,
yo confiada la miraba,
buscando a la vez
reconocerme en los otros.
El sendero a seguir,
iluminado.
El modelo a imitar,
caminando.
Un mástil al que sujetar
mi vela.
Una espiga en la coraza
lancé, distante.

Si pudiera calarte hasta los huesos
la lluvia de mis palabras.
Si pudiera decirte
que no sembraste en terreno baldío,
a pesar de que aprendí la lección a medias.
Que aunque abandoné, el solfeo
me dejó tatuada la clave de Sol en la piel.

Quiero que admires los azules
tal y como yo los pinto.
Amapolas entre las mieses,
almendros de melifluas flores
supervivientes al gélido frío,
y girasoles tintando de ocre
el final del estío.

Aunque el tedio siga siendo
lucha diaria y constante,
la lectura trae, dijiste,
colores de primavera,
que tiñen grises de invierno.
Siempre.
Hoy de nuevo puedes verlo.
Padre.

Llegó Elvira

Al filo de terminar un milenio
llegó Elvira un dieciocho de enero.
Con sólo tres días sonrió al mundo
y desde entonces el mundo le sonríe.

Revoloteando por recónditos rincones
se hizo dueña de nuestros corazones.
Danzando, trinando, parlando sin pausa.
Nuestra vida fue sin duda en alza.

Sus sueños dorados cuelgan de un bramante
de las nubes más altas del Circo del Arte.
Puede ser para ti contorsionista, pianista, gimnasta.
Lanzadora del diábolo de un futuro incierto.

Acróbata, recitadora de poemas de ensueño.
También puede ser que cese en el empeño.

Sólo sé que llegó a nuestras vidas
con la alegría del sol reflejada en su pelo.
Que sus inmensos ojos ambarinos,
llenaron de luz nuestros parpadeos.

Su belleza exterior precede a la de su alma:
inquieta, generosa, sensible, eterna enamorada.
Desde que llegó colmó nuestros días
de flores de almendro, eclosión de primavera.

¿Menos da el amor?

Si escribo poemas perennes al desamor,
tú esbozas mi corazón de hoja caduca.
Si el otoño es un tipo de nubes y claros,
también es el color del romanticismo,
y un árbol que se aferra a la vida
enraizado hasta la médula,
en la dureza inhóspita de la piedra.

¿Menos da el amor?

La música que tonifica el alma
y el movimiento que perciben mis sentidos,
son el viento que despeja los nimbos
cargados de grises que quieren desplazarse
del paisaje, al limbo de mi cabeza.

¿Más da una piedra?

Hace tanto

Hace tanto que no te digo que te quiero
que mis labios han olvidado hacerlo.
Pero lo siento cada día y lo demuestro,
aunque al decirlo, se me quede en el tintero.

Hace tanto que no te digo que te quiero,
tal vez sea por el puro desconcierto
que me provocan tus sueños y vuelos.
¡Alma loca, andas enamorada del viento!

Quiero permanecer otros tantos a tu lado,
años, lustros, décadas, milenios...
Pero el tiempo es finito para los fotogramas
que quisiera protagonizar contigo.

Hace tanto que no te digo que te quiero,
que hoy es el día que he considerado perfecto.
Porque es agosto, preludio de la calma
que precede a la tormenta de aquel verano.

Del amor pausado que un día brotó,
como un ciclón joven y apasionado,
en tu corazón en mi sinrazón.
Hace tiempo que no te decía *te quiero*.

Númenes libertos

He pedido a un arrebol de otoño,
a los sueños arremolinados por el viento,
que me contagies tu brío estival,
ahora que la luna gana terreno a un sol traspuesto.

Contágiame
tu prisa pausada, tu escala de valores,
tus ansias por devorar renglones de sensaciones.
Por crear,
por despertar en los laureles.
Descúbreme
el dique de tu reloj de arena.

Quítame la detestada soñolencia
que ya disfrutaré en sueño eterno.
Cada día es tiempo de descuento
y hoy me gustaría, pervivir para los restos.

He pedido a tus etéreas musas
he suplicado a mis númenes libertos,
que me contagies algo más
que inspiración cuando te pienso.

Mi ángel de la guarda ha huido,
se dedica a la vida contemplativa.
Mi espíritu se empeña en hibernar,
y no quiero que sea antes de tiempo.

La madurez me ha ofrecido
una perspectiva más nítida,
pero también un desasosiego.
La certeza de que tras este suave otoño,
llegará, sin contemplaciones, el crudo invierno.

Cuando me vaya

Cuando me vaya, te darás cuenta
del tiempo que perdimos en lamentos.
Cuando me vaya, querrás amarme,
como humo en el aire.
Amor, será tarde.

Cuando me vaya, entenderás
que éramos el uno para el otro,
el otro para el uno,
pero ya no habrá forma de darse.

Que podríamos habernos amado
en cada laberinto de la mente,
en cada realidad de la fantasía,
en cada recodo del deseo.

En aquel sueño hecho trizas,
en la caricia de la desilusión,
en la profundidad de las miradas
y en cada letra de este verso.

En cada beso que le di al aire,
en cada segundo que robé al tiempo,
en cada viento que hice palabra
y en cada lágrima; sí, en cada lágrima.

Es tan sutil el susurro del destino que,
de que realmente me amabas,
sólo te darás cuenta, amor,
cuando me vaya.

Ante tal magnitud, el mar siempre me transmite
la calma que da el sentirse una milésima parte
de la belleza enmarcada en un paisaje...

Isleta del Moro

Isleta del Moro.
Gaviotas.
Remanso de barcas
y calas de luz.

Pescadores de sueños.
Buceadores
de pleamar y de
ocultos tesoros marinos.

De redes de colores,
de viento que sopla
a las olas.
De perfiles de rocas
asomados a la ventana del mar.

Eres como el mar

Eres como el mar.
Ensortijado en cabellos,
perpetuo como las olas
que rizan la inmensidad.

Eres como el mar.
Te creces en las calas,
en las profundidades me guías.
Me alimento con las burbujas
que deja tu respiración.

Eres como el mar.
Me acaricias, me inundas
de besos, de espuma,
y luego te vas.
¡Bendito vaivén de amor!

Eres como el mar.
Nadas mientras yo
te espero en la orilla.
Y al caminar tras de ti
hundo mi pisada cómplice
en la arena de tu huella.
¡Quisiera continuar!

Eres como el mar,
piel desnuda con sabor a sal.
Quiero fundirme al sol del estío
con tu abrazo ardiente
frente a un mar de deseos.
Eres como el mar, infinito y bello.

La desnudez de los peces

Llegará otro verano, por San Juan.
Nos sentiremos presos del asfalto.
Intentaremos romper las cadenas.
Huir.
Cruzar un desierto de anhelos,
rosas, encuentros y áridas despedidas.

Nos encandilarán espejismos de tesoros
en la mezquindad.
Huiremos de la superficie de la mediocridad
para sumergirnos en las profundidades del alma.

Descubriremos entonces
la innecesariedad de las cosas,
la indispensabilidad del cariño.

Y envidiaremos,
la desnudez de los peces,
la libertad de los días,
los relojes derretidos de Dalí.

La persistencia de tu mirada en mi memoria,
en una estación sin ataduras ni horas.

Solo allí sabes que te espero,
descansando bajo el sol del estío
sobre tapices de posidonias.

Enmarcaremos retratos de fondos marinos
para nuestro salón de invierno.
Indelebles retinas al contemplar.
Somos seres,
somos variedad de especies,
si nos desnudamos como los peces
de Cabo de Gata,
de iris en paz.

El mar nunca quiso ser cómplice

Parece que nunca fueron padres,
ni madres, ni hijos, ni nietos.
Parece que nunca sintieron.
Ni el calor, ni el inicio de la vida
cual semilla que crece en el vientre.

Parece que nunca fueron padres,
ni madres, ni hijos, ni nietos...
Cuando empuñan un arma,
resguardan su vida en un tanque,
lanzando proyectiles de muerte.
Cuando miran solamente
hacia la cara amable del mundo.

Parece que nunca fueron padres,
ni madres, ni hijos, ni nietos...
Parece que nunca llevaron
calor en sus venas, amor en su vientre.
Que nunca sintieron un latir acompasado
junto a la desnudez de su corazón.
Parece que no, que nunca lo fueron.

Que nos les desgarra el dolor,
el color tibio de la sangre.

Ni les amarga la bravura del mar,
ni las tempestades de lágrimas.
Ni la noche cerrada por el miedo,
ni la negra oscuridad de su alma.

Parece que nunca fueron padres,
ni madres, ni hijos, ni nietos...
Parece no dolerles los muertos
que varados llegan a la playa,
mecidos por el vaivén de la muerte
de un mar que nunca quiso
ser cómplice de nuestra barbarie.

Eternamente avergonzado,
los recuesta sobre la arena
para arrojarnos a la cara
nuestra falta de humanidad.

Parece que no les duelen los muertos,
porque una suma de pecados capitales
les han convertido en seres de piedra.
Porque olvidaron amar,
más que a sí mismos.

Y ya no les duelen los muertos,
porque no eran suyos,
porque nunca sintieron.

"Tus creencias se convierten en tus pensamientos, tus pensamientos en tus palabras, tus palabras en tus acciones, tus acciones en tus hábitos, tus hábitos en tus valores, tus valores se convierten en tu destino".

MAHATMA GANDHI.

SONETO AL DESENCANTO

¿Quién me iba a decir que el siglo veintiuno
con preámbulos de naves espaciales,
de gentes tildadas de personajes
traería consigo disimulo?

Pues sí, ahora lo veo claramente,
la picaresca ha vuelto a sus andadas.
La realidad supera noveladas.
Lo malo, lo peor, es evidente.

Soy o tengo... ¿a qué valores me atengo?
Es un soneto eterno al desencanto.
¡Qué espanto! Mejor me contravengo.

En el país de los varios sentidos vagos,
el tuerto coronado es el don rey
y crecen por doquier los lazarillos.

"Al lugar donde has sido feliz, no debieras tratar de volver".

Joaquín Sabina.

Yo siempre vuelvo al lugar donde abrí los ojos a la vida...

En los laureles del tiempo

Yo una vez soñé un pueblo,
como tú, como aquel, como ellos.
Un pueblo donde dejé mis recuerdos
colgados de la cometa de mi niñez.

Yo también nací en un pueblo,
en el que las horas se espaciaban
sobre hileras cimbreantes de álamos
que bordeaban insondables caminos.

¿Recuerdas?
Tuvimos la suerte de tener un pueblo
y no tener que adoptarle.
Escucha: mi pueblo no es pueblo, es Puebla.
Una villa de renombre, con señorío y solera,
fundada por Don Fadrique.

¿Recuerdas?
La dicha de la infancia.
El olor a petricor,
tierra mojada tras la tormenta.
El estruendo a trueno en el corazón.
Las rebecas de estrena en Domingo de Ramos.
El color de una nueva cartera en la escuela.

¿Recuerdas?
El arrebol del cielo al atardecer.
El sabor a "Almendracao".
La libertad recorriendo las calles.
Las prisas que teníamos
por llegar a ningún lado.

¿Recuerdas que entonces la curiosidad
era un fulgor innato en los ojos?
¿Que descubríamos el rincón más oculto
en la ilusión y la primera vez de casi todo?

No sé cómo decirte,
que mi Puebla huele a chimenea en enero.
A viento gélido castellano y a Andalucía en febrero.
A luna llena y silencio de viernes santo, en marzo.

Que en abril se viste de pétalos de miel,
con manto níveo y flores de almendro.

Que el aire esparce su aroma por doquier,
para dar la bienvenida a la primavera.

Y en mayo se engalana para recibir a las Santas,
con arcos de sabina y cánticos de alabanzas.
Y pétalos de rosa que caen desde el cielo.
Mosaicos de colores que embellecen el suelo.

No sé cómo contarte
que en junio las hermanas vuelven a su ermita,
erigida al pie de la montaña sagrada,
veneradas por siempre en los corazones.

Que en julio el campo vetea en pigmentos,
amarillos de mieses, y verdes con ocres.
Que sube el mercurio, y canta la cigarra,
y la Sagra refresca la nocturna charla.

Y en agosto vuelve el que la añora,
a recorrer sus calles de melancolía.
Las Perseidas serán fugaces al reencuentro,
nos pondrán al día de nuestras vidas.

Volveremos a esparcirnos en septiembre
por esta piel de toro, cual semilla.
Cuando los días se acomoden en rutina,
y las noches se alarguen irremediablemente.

En octubre mis recuerdos son días feriados,
cosechas sabor a turrón, nubes de algodón
y música sonando en columpios de azúcar.
Escalofríos que ascienden por la espalda.

Noviembre, mariposas de aceite, velas de luz.
Respeto y recuerdo a quienes quisimos.
Crisantemos en un camposanto encalado,
y cipreses que anhelan acariciar los sueños.

En diciembre mi Puebla sabe a Pascua.
A suspiros de mistela,
a Virgen del Carmen bendiciendo cada casa.
Nochebuena que viene y que va,
y nosotros sólo con viaje de ida.

Nochevieja, uvas de la suerte,
besos sabor a champán.
Excedente de propósitos por cumplir.
Calendario por estrenar
lo que la vida nos depare.

Yo una vez tuve un pueblo, y lo tengo.
Y a cada ocasión que el alma me exige,
al calor del primer hogar vuelvo,
para dormirme
en los laureles del tiempo.

Mártires del Monte

Cuán difíciles los lunes,
más este de Pentecostés.
En cuerpo en Granada,
pero en mente con los romeros,
al pie de la Sagra.

Y con cánticos esperarlas
al grito de ¡guapas, guapas!
Y a las doce ¡que vienen, que vienen!
El pueblo de Huéscar, entrega las Santas.

Alodía y Nunilón,
adolescentes cristianas,
Mártires del monte.
Llegásteis aragonesas aquí,
veneradas,
a reconquistar corazones
de los que nacimos al norte,
de este Reino de Granada.

Lunes de Pasión

Lunes Santo de entrega y devoción
Reencuentro procesional con la tradición.
Semana de Pasión de quienes demuestran a diario
su integridad con actos, con fe, con credos,
con la entrega a los demás, de primero.

Y me alegro y a veces me enervo
con aquellos, los menos,
que no predican con el ejemplo.
El amor a Dios, lo demuestro
en amar a mi prójimo primero.

Y si Jesús sufrió inconmensurable quebranto…
¿pido yo, una simple mortal, ser profeta en mi tierra?
En un pueblo de linde andaluz, pero de hecho
de carácter navarro, mezclado con toledanos vientos.
Mi vena pasional nació y se esparció más allá de la Sagra.

Allí quedaron eslabones de amistad de mi niñez
y en mi memoria, un trasiego de calles en juego.
Compañeros de aulas, travesuras que el tiempo
esparció por los cuatro costados del mundo.
Nos vemos, en el recreo del reencuentro.

Solté engarces. Aunque duela.
Ahora pienso que donde ahora no hallo,
nunca hubo,
que no se perdió más que la hechura.

Y alabo corrientes de aire que cerraron vetustas puertas,
para abrir en mi espíritu claror de ventanas nuevas.
Por ellas diviso interminables paisajes,
caminos de inquebrantables amistades
que guardaré siempre, como oro en paño,
que mimaré, como mi bien más preciado.

Hoy no quiero ser profeta, mi tierra es la Tierra.
Sólo quiero vivir y amar, sólo quiero dejar huella.

"El tiempo es una de las cosas importantes que nos quedan".

SALVADOR DALÍ

VENCER AL TIEMPO

Me diste tu tiempo al darme vida.
Horas para enseñarme a leer
palabras con las que engarzaba
días de estrena,
calendarios por recorrer.

Un tiempo que pasaba lento
si esperaba dejar atrás la niñez
que ahora tanto recuerdo.

El tiempo corría veloz
si llegaba tarde a casa.
Era lento para ti, que esperabas
despierto.

No entendías que volaban
los minutos de mi hora feliz.

Luego me fui.
Te regalé un reloj para que midieras
el tiempo hasta mi vuelta a casa.

Pero ya nunca regresé
para quedarme.

Un día fui yo la que dio tiempo
a una vida que comenzaba.
Y tú añadiste horas al día
y kilómetros a la noche,
para cogerla en tus brazos.

Un día custodié tu reloj
mientras tu tiempo estaba
en manos de otros.
El tiempo va lento
cuando esperas.

Has ganado un tiempo,
te dijeron.
Pero la cuerda se agotaba.
No era un reloj de arena,
volteable.

El tiempo va lento
cuando esperas.
El tiempo es insufrible
cuando sientes dolor.

Me dijiste que acababa
tu tiempo entre nosotros.
Yo te dije que no hay
segundero en el corazón.

El tiempo es interminable
cuando sufres.
El tiempo muere
si estás triste.

Ahora tengo tu reloj
marcando el tiempo que
pasaré sin ti.
Tampoco puedo presentir
el que me resta por vivir.

Sólo sé que no es su tic tac
mi mejor banda sonora.
Ni el que marca mi manera
de sentir.

Y aunque no encontré
respuesta para un ¿por qué?,
hoy agradezco, en hora,
los años que compartimos.
El tiempo es eterno si se ama.

A mi padre

"No me conoces, me imaginas. Sólo ves en mí lo que eres tú".

ALEJANDRO JODOROWSKY.

NO TE ENAMORES DE MÍ

Le dijo la Música a la Poesía.
No me mires así, embobada,
como queriéndote fusionar
conmigo en un abrazo.

¿Qué adivinas cuando te sientas frente a mí?
Me dices, con tu voz melódica, acompasada.
Estoy pensando, en el siguiente verso,
que quisiera sellar en la estrofa de tus labios.

Crees saber lo que siento
frente a tu presencia distante,
esquiva de mi cercanía.

Yo intento llegar a tu alma
y tú casi siempre te pierdes
entre líneas de equidistancia.

"No pienses más en mí", me dices.
Y sabes que algún día necesitarás
que mis poemas te acompañen
para ensalzar tu solitaria melodía.

Hablas, hablas, de todos los sueños
que llevas doblados en esa maleta.
Te vistes del color de tu ánimo
y a veces me escuchas, con la complicidad
de dos que buscan su sintonía.

Me gusta tu tono, admiro tu tesitura,
pero no dejas de ser instrumental.
Me buscas un hueco en el vacío de tu escala,
como si yo no estuviera a la altura de tu frecuencia.

Tu enarmonía me enerva.
Ahora soy bemol, mañana sostenido.
Nunca sé a qué atenerme contigo.

Escribes y escribes, blancas, negras, corcheas...
Mientras percibo que el recital de mis estrofas
adquiere ritmo y musicalidad si te pienso.
Y sé que es por haberte hallado a destiempo,
escribiendo en la partitura de un libreto perfecto.

Afinas mi ánimo y templas mi alma.
Tu entonación podría ser musicalidad en mis palabras.
Modulas mis versos con besos volados,
mientras me pides prestadas, sinécdoques y metáforas.

Lo intento, pero no entiendo tu clave de Sol.
Crees no necesitar de mí y sabes
que sin mis letras, jamás conseguirás
la sublimidad de tu mejor composición.

Cadencia.

Suena el metrónomo que marca tu compás,
y te vas, por donde has venido,
sin volver la vista atrás, en un lento de solo.
Mientras yo, aun así me propongo,
no ser fusa en tu pentagrama.

Silencio.

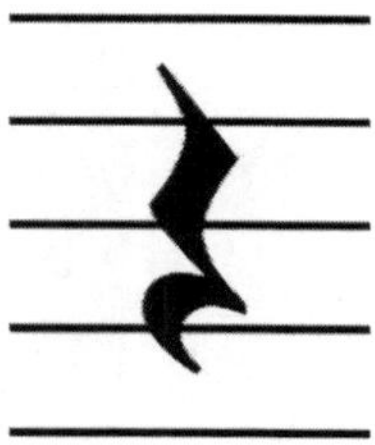

Índice

A modo de prólogo 9

Con la miel en la boca 15
Besos volados 16
Entredós 17
La piel en flor 18
Cajones desordenados 20
No me robéis abril 21
Sensaciones del viento 22
Granada en el alma 24
Por la calle Elvira 26
A Morente 27
Heroína de sueños 29
La ciudad no es la misma sin ti 31
Poeta en el Generalife 33
Romance de la odalisca y el trovador 35
Affaire de las estaciones 37
Equinoccio de primavera 39
Sol de invierno 40
El otoño es triste 41
Destino 42
Encrucijada de amor 44

Nunca dije adiós	46
Frente a tu ausencia	49
Duetos	50
Memoria eterna	51
Dejadme ser viento de libertad	54
Viaje continuo	56
Los encuentros	57
Abrazo de mármol	59
Volavérunt	61
La quintaesencia	63
Mi espejo	66
Padre	69
Llegó Elvira	71
¿Menos da el amor?	73
Hace tanto	74
Númenes libertos	75
Cuando me vaya	77
Isleta del Moro	79
Eres como el mar	80
La desnudez de los peces	82
El mar nunca quiso ser cómplice	84
Soneto al desencanto	86
En los laureles del tiempo	87
Mártires del Monte	91
Lunes de Pasión	92
Vencer al tiempo	94
No te enamores de mí	97